Universal-Wörterbuch

Osterfelderisch

Osterfelderisch – Hochdeutsch

Impressum

Bibliografische Information der Deutschen Nationalbibliothek:
Die Deutsche Nationalbibliothek verzeichnet diese Publikation
in der Deutschen Nationalbibliografie; detaillierte bibliografische Daten sind im Internet über dnb.dnb.de abrufbar.

© 2021 Romi Domkowsky

Herstellung und Verlag: BoD – Books on Demand, Norderstedt
Umschlaggestaltung und Layout: Julia Benning

ISBN: 978-3-7557-5634-7

gefördert mit Fördermitteln aus dem Verfügungsfonds im
Programmgebiet „Sozialer Zusammenhalt Oberhausen
Osterfeld" und der theater:faktorei des Theater Oberhausen

Universal-Wörterbuch
Osterfelderisch

Osterfelderisch – Hochdeutsch

Osterfelderisch ist eigen.
Osterfelderisch ist speziell.
Osterfelderisch ist Kult.

Ja nee, den Osterfelder:innen selbst ist es kaum bewusst. Doch sie leben an der Geburtsstätte einer ganz eigenen Sprache: dem Osterfelderischen, oder Osterfelder Deutsch. Hier spricht man so, wie einem das Herz auf der Zunge liegt.

Und so wurde fleißig gesammelt: liebevolle Anreden, spezielle Ausdrücke, alltägliche Begriffe, historische und aktuelle Bezeichnungen für Osterfelder Orte, geheime Redewendungen, Sprüche, die die Osterfelder:innen und ihr Leben geprägt haben.

Geforscht wurde im Café Jedermann, in der Evangelischen Auferstehungsgemeinde, der Gesamtschule Osterfeld, auf Familienfeiern und einem Stadtspaziergang, in historischen Dokumenten, im Internet und in Musikvideos. Das Zentrum der Sprachforschung war das Stadtteilbüro Osterfeld.

Entstanden ist ein Wörterbuch für Einheimische, Zugewanderte und Tourist:innen mit mehr als 150 Einträgen.

Der Dank gilt allen Mitwirkenden, Unterstützer:innen, Hanna Hülsken und der theater:faktorei des Theater Oberhausen, Johanna Nolte und Dustin Abendroth vom Stadtteilmanagement Osterfeld sowie dem Stadtteilbeirat Osterfeld für die großzügige Förderung des Projektes aus dem Verfügungsfonds.

Romi Domkowsky, künstlerische Leiterin des Projektes, im Dezember 2021

Aktive *die*

Zigarette mit (Aktiv-)Filter, in der Regel so gekauft, kann aber auch selbst gestopft sein

Alder *Du*

Alter *als Anrede für jemanden*

Alee *Du*
   siehe Alder

alsob
   Laber keinen Scheiß!

Ampore *die*

eine Amphore auf einer Empore

anne

Abkürzung von an der
oder zur/zum;
anne Bude gehn
zur Trinkhalle gehen

Anzeige is raus

Du hast mich beleidigt oder etwas falsch gemacht und ich verpetze dich.

Aresole *die*

Aerosole

Aschneimer *der*
Mülltonne, ursprünglich auch
Tonne für heiße Asche

assi
Müll, unaufgeräumt;
Das sieht so assi aus.
Hier liegt viel Müll rum.
Es ist sehr unaufgeräumt.

auf

in, zu;
auf Rothebusch geborn
in Rothebusch geboren

auswandern

zu viel haben von allem;
Ich wander aus!
Mir ist das alles zuviel.

Bäusken *das*
Bäuchlein

bisdietage
bis bald, bis demnächst

blaumachen
schwänzen

boah
Füllwort, meist am Satzanfang,
„passt immer"

Bottrop

sobald es erwähnt wird:
**Kommse nach Bottrop,
krisse aufm Kopp drop.**

broke

*(aus dem Englischen,
gesprochen: brouk)* pleite;
Ich bin broke.
Ich bin pleite.

Bütterken *dat*
Butterbrot

Christ gleich auf die Fresse!
Drohung

cringe
*(aus dem Englischen,
gesprochen: krinsch)*
unangenehm, komisch,
zum Fremdschämen

dat
das, dass

dat musso
Das soll so sein.
Das ist so gewollt.

Deu *der*
Schubs;
Deu mal die Türzu!
Mach mal die Tür zu!
Gib der Tür mal einen Schubs!

diesdas
*kann überall und beliebig
angehangen werden*
dies und das

Digger *Du*

(je nach Betonung) dicker Freund oder Blödmann;

Ich habe dich gediggert.

Ich habe dich als meinen Freund / als einen Idioten bezeichnet.

Diggi *Du*

siehe Digger

Dubb(e)l *dat*

Butterbrot, Doppelstulle

Durstis *die*

Durstlöscher *Selbstbezeichnung
einer Clique aus der Gesamtschule
Osterfeld, die immer Durstlöscher
Pfirsich getrunken hat*

Easterfield *dat*

(„wie Beverly Hills") internationale Bezeichnung für Osterfeld
Das CENTRO hat nachgezogen und sich als Reaktion darauf nun in „Westfield CENTRO" umbenannt.

Einzigste *der*die*

wirklich wirklich der*die Einzige überhaupt sein

ekelhaftig
ekelhaft

Fettklotz *der*
  Butter

Fischladen *der*
  SEA LIFE am Rhein-Herne-Kanal

flimmern
fernsehen, Fernsehen schauen

Flimmerkiste *die*
Fernseher

for real

(aus dem Englischen, gesprochen: for riil)
Ich meine das ernst.

Friesenhügel *der*

Sportstätte, hier haben viele Osterfelder Kinder ihre Ferien in Ferienspielen verbracht

gediegen
gediehen;
Mal sehen, wie weit das gediegen ist. Mal sehen, wie weit das gediehen ist.

Georch
Georg

gepennt
verschlafen;
Ich hab gepennt.
Ich habe verschlafen.

gibbet nich
gıbt es nıcht

Gönnjamin *der*
(„wie Benjamin Blümchen")
wenn jemand einer anderen
Person etwas geschenkt hat

Gorillja-Strategien *die*
Guerilla-Strategien

GSO *die*
　Gesamtschule Osterfeld

Habibi *Du*
(aus dem Arabischen)
Mein Schatz!

Habibti *Du*
(weiblich) (aus dem Arabischen)
Mein Schatz!

haste
hast du

Heide!
Komm! Mach schneller!

Osterfeld – Stadtteil im **Herzen** Oberhausens

„weil hier die Menschen das Herz am rechten Fleck haben"

hinta der Brücke

Arminstraße
Geheimtipp als Wohnadresse

Horror-Hotel *das*
Hotel am Volksgarten
an der Kapellenstraße

Ihr könnt mich mal an die Klumpm wichsen.

Ihr könnt mich mal ...

is

ist

Ischschwöre, Digger!
Wirklich!

J

ja nee
also

jankn
laut jammern, wehklagen

Jirsk *nach*
(sich beim Aussprechen sehr anstrengen, es richtig auszusprechen) JYSK neue Bezeichnung für Dänisches Bettenlager

Jörch
Jorg

Junge! *Du*
Anrede an der Gesamtschule Osterfeld (für alle, nicht nur Jungen)

Kannze machen, watte willst!

Es ist egal, was du machst.

Kannze machen, wie sie wollen.

Es ist egal.

Kantn *der*
Endstück vom Brot

Karen sein
(Tiktok-Insider)
besonders vorbildlich sein

kek
  hohl

Kelb *der*
  (aus dem Arabischen)
  Hund *als Beleidigung*

Der olle Kickenberger
Osterfelder Heimatblatt
(bis 2017)

Kill chara!
(aus dem Arabischen)
„auf nett gesagt: Friss Scheiße!"

Kitzelbusch *der*
Volksgarten in Osterfeld

Knäppchen *dat*
siehe Kantn

Knecht *Du*
„Du, Opfer!"

Kniffde *die*
siehe Knäppchen

Köttelbach *der*
Emscher

Köttelbeckel *dat*
siehe Kottelbach

K

Komm Schule!
Komm bitte in die Schule!

Komme Schule.
Ich komme in die Schule.

Kommzu Potte!
Werd' fertig!

Kostgänger *der*
Untermieter eines Zimmers

Kottn *der*
Arbeitsplatz;
aufm Kottn auf Arbeit

Ich **küss** dein Herz/
deine Augen/deine Ohren!
Danke! *wird gern auch*
übertrieben, zum Beispiel:
Ich küss deine Nasenhaare.

L

Lachflash *der*
besonders lustig, extrem witzig

Lachkick *der*
siehe Lachflash;
„Boah, Digger! Lachkick!"
„Ej, voll witzig!"

L

Lak!

(aus dem Arabischen)
Ey, Alter! *Anrede in der*
Gesamtschule Osterfeld

Lan!

(aus dem Türkischen)
siehe Lak!

Lass Drehspieß treffen!
Wir treffen uns bei
„Zum Drehspieß".

Leck mi an de Tesch!
Leck mich am Arsch!

Leck mi in de Tesch!
siehe Leck mi an de Tesch!

lo
Alter *und als Satzende, Punkt*

Mach hinne!

Mach schneller!

Maloche *die*

Arbeit

mental breakdown *der*
(aus dem Englischen,
gesprochen: mentel bräkdaun)
gestresst sein
häufig benutzt in der Oberstufe
der Gesamtschule Osterfeld

Mol!
Guten Morgen!

Montley *das*

monatliche Besprechung,
Monthly, Monthly Meeting oder
Monthly Meet-Up

Mottek *der*

Hammer

Muss, näh!?
Osterfelder Antwort auf
„Wie geht's?"

nach
zu
nach Aldi gehen zu Aldi gehen

auf dein Nacken
auf deine Kosten

Mein Nacken brennt.
Ich musste viel zu viel für dich ausgeben.

näääh.
nein

näähä?

(am Ende eines Satzes zur scheinbaren oder vorgetäuschten Vergewisserung)
oder? nicht wahr?

Nh?

(gesprochen: ne) Oder? Isso?

Oha!
Also! Oh!
Ausruf des Erstaunens

OKL *(ohne Artikel)*
7. Stunde an der Gesamtschule Osterfeld

Opfa! *Du*
  Verlierer!

Osterfelder Deutsch *das*
  Osterfelderisch

Osterfelder Gedeck *das*
Bier und Schnaps und ein Schlag
in die Fresse

Penne *die*
Gymnasium

Plantanen *die*
Platanen

Prött *der*
Kaffeesatz

Pütt *der*
Bergwerk, Schacht, Zeche;
uffn Pütt im Bergwerk, im Schacht,
auf der Zeche

Radt *dat*
Fahrrad

Rattentunnel *der*
Fußgängertunnel zwischen Bottroper Straße und Waghalsstraße

Reimann *bei*
Kneipe in Rothebusch

Rezession *die*
Rezension

Ein Fall für **RTL**.

„Es ist etwas typisch
Osterfelderisches passiert."

Sabaja *die*
Mädchen

Sarajoshe Platz *der*
Saporoshje-Platz („*Platz irgendwo in Alt-Oberhausen, benannt nach einer Partnerstadt Oberhausens, oder so ähnlich.*")

Ej, geh mal **schlafen!**
Halt deinen Mund!

Schickse *die*
abfällig für Frau

Schmacht *der*
Hunger, Verlangen,
Lust auf eine Zigarette;
Schmacht haben
Lust auf eine Zigarette haben

Schuldöner *der*
Döner für 2,50 Euro bei
„Zum Drehspieß"

Sea Life Express *der*
SEA LIFE am Rhein-Herne-Kanal
(*„Irgendso ne Scho. Nur nicht mit Rollschuhe, sondern mit Fische.“*)

Sheesh!
(*gesprochen: Schüsch*)
Ausruf neidvollen Respekts; darauf wird geantwortet mit Sheesh!

S

S

Shu, was geht?
(aus dem Arabischen)
Was ist los?

Shu Shabbab!
(aus dem Arabischen)
Leute!

„Slecht geworden, viel Ausländer."

Früher war in Osterfeld alles besser.

Soose *die*

(gesprochen mit stimmhaftem s)
Soße

S

Spass *der*
Spaß

Stichpunktkontrollen *die*
(Osterfelder Polizeislang)
Stichproben

Ich bin Straße.

Ich bin aus dieser Gegend.

Straße gehört dir.

Ich habe Respekt vor dir.

Sus!

(gesprochen: Sass)
(Abkürzung für Suspicious,
aus dem Spiel „Among us")
beleidigender Ausdruck

Tauf dich ...
(als Beleidigung)
Ich nenne dich ...

Tee-Shirt *das*
T-Shirt

tote

schwierig, schlecht;
Es ist tote. Es ist schwierig.
Wie geht's dir heute?
Tote. Schlecht.

Treck dir nie ne Büx an, die größer als deine Fott is!w

wörtlich übersetzt: Zieh dir nie eine Hose an, die größer als dein Hintern ist. *im übertragenen Sinne:* Bestelle nur das, was du auch bezahlen kannst! Sei nicht anmaßend! Überschätze dich nicht!

Trinte *die*
Glas

Todeshügel *der*
sehr steiler, eigentlich nicht
befahrbarer Hügel gegenüber der
Rodelbahn im Park Vonderort

U

Ulla Pöppken *bei*
Ulla Popken *Lagerverkauf
eines Bekleidungsgeschäftes
für Übergrößen an der Bottroper
Straße*

umme Ecke
um die Ecke, nebenan, in der Nähe

und so

gern verwendetes Füllwort

Valla!
(aus dem Arabischen)
siehe Ischschwöre, Digger!

die veganische Kuh
stellt die Hafermilch her

von der Vestischen kommen
in der Vestischen Straße wohnen

Walla, Walla!
(aus dem Arabischen)
siehe Ischschwöre, Digger!

Wasdas?
Was ist das?

Was geht?

Was ist bei dir so los?
Ist alles gut bei dir?

weisich

(gesprochen mit stimmhaftem s)
weiß ich

auf Wish bestellt

etwas in schlechterer, billigerer Qualität oder Ausführung;
Beispiel: „Osterfeld ist Beverly Hills auf Wish bestellt."

Wolle *die*

Woolworth

Wollwört *dat*
siehe Wolle

Xalas!
(aus dem Arabischen, gesprochen: chaláß) Hör auf!

Yalla!

(aus dem Arabischen) Los!

Ya Salam!

(aus dem Arabischen, gesprochen: Jaseleme) aufgeregter Ausruf der Begeisterung und des Erstaunens Mann!

Yum-Yum-Nudeln *die*

„Chips von damals"

Zichte *die*
Zigarette

zwischen den Tagen
zwischen den Jahren, zwischen
Weihnachten und Neujahr

Osterfelderische Entdeckungen:

_____

_____

_____

_____

_____

_____

_____

**Es forschten gemeinsam
mit Romi Domkowsky:**

Hanne Abel, Amela, Andreas, arizonakpt., Besucher*innen des Café Jedermann und des Stadtteilbüros Osterfeld, Cemi, Stefan Conrad, Emine, Frauen der Frauenhilfe der Evangelischen Auferstehungsgemeinde, Hanna Hülsken, Ingrid, Isabelle, Jill, Joann K., Jörg, kevinslr, Lena G., Leo, leoniemrd, Marita, Mervel, Nathalie, Özlem G., Rayan, Rit, Ruth, sahra_abz, Sandrasmc, Sava und Slava, selina.hll, Susanne Schneider, Tasnin, die Vielfalt-AG an der Gesamtschule Osterfeld und viele andere.